AF309878

CONSIDÉRATIONS SUR LA PEINTURE

ET LES

PRINCIPAUX PEINTRES FRANÇAIS

AU XVIIe SIÈCLE

PAR

Raphaël PINSET

Extrait de l'Investigateur, Journal de la Société des Études historiques.

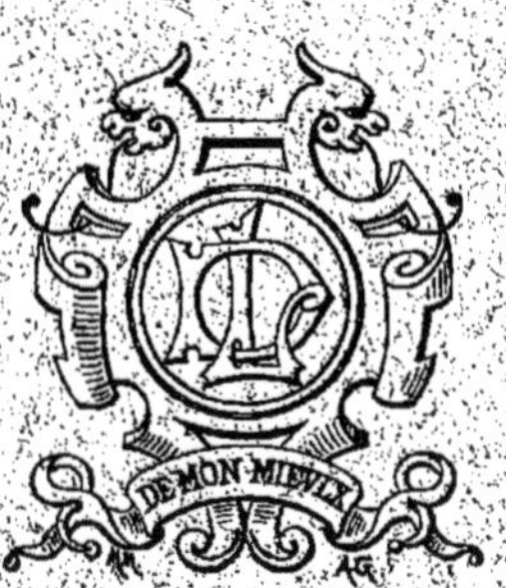

AMIENS

TYPOGRAPHIE DE DELATTRE-LENOEL

32, RUE DE LA RÉPUBLIQUE, 32

1880

CONSIDÉRATIONS

SUR LA

PEINTURE ET LES PRINCIPAUX PEINTRES FRANÇAIS

AU XVIIᵉ SIÈCLE

CONSIDÉRATIONS SUR LA PEINTURE

ET LES

PRINCIPAUX PEINTRES FRANÇAIS

AU XVIIᵉ SIÈCLE

PAR

Raphael PINSET

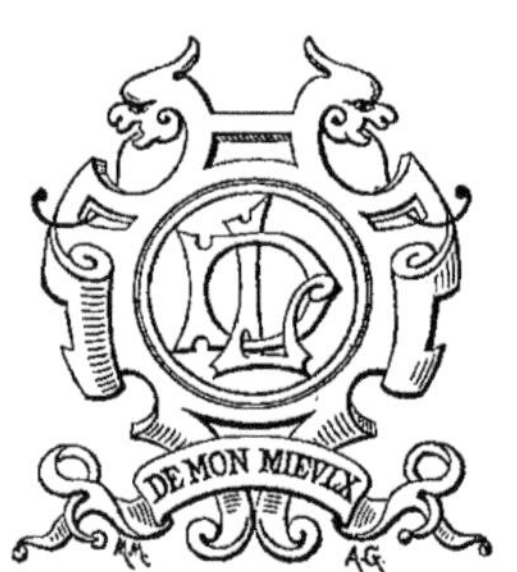

AMIENS

TYPOGRAPHIE DE DELATTRE-LENOEL

32, RUE DE LA RÉPUBLIQUE, 32

1880

Extrait de l'INVESTIGATEUR, *Journal de la* Société des Études historiques

(Avril-Mai 1880.)

CONSIDÉRATIONS

SUR

LA PEINTURE ET LES PRINCIPAUX PEINTRES FRANÇAIS

AU XVIIe SIÈCLE.

I.

De toutes les époques de notre histoire nationale, aucune n'est remarquable à plus de titres que le xviie siècle. L'historien, le poète, le philosophe, le savant, l'artiste y trouvent également d'illustres exemples et de vastes sujets d'étude; la France semble arrivée à sa maturité ; de toutes parts surgissent les grands hommes ; on croirait que toutes les forces de l'intelligence se sont réunies à ce moment pour une manifestation suprême dont le spectacle nous remplit d'é- tonnement et d'admiration.

On s'est plu, tout d'abord, à donner à Louis XIV une grande part dans cet épanouissement du génie humain ; puis, une réaction s'est produite, et après avoir tout accordé au roi, on a prétendu tout lui retirer. Je ne veux pas entamer ici une discussion qui nous mènerait trop loin ; mais, quoi qu'il en soit, le xviie siècle restera dans l'his- toire comme une époque de grandeur et de gloire.

Si l'on se place uniquement sur le terrain des beaux-arts, il faut reconnaître qu'ils ne sont pas restés en arrière de l'irrésistible mouvement intellectuel qui entraînait la France. En peinture particuculièrement, l'école française fait dater de cette époque ses plus beaux monuments, et l'effort fut si grand que, dans le siècle qui suivit, un épuisement profond se manifesta jusqu'au moment où Louis David vint accomplir dans les arts une révolution qui tient aux mêmes causes morales et qui se produisit en même temps, à quelques années près, que la révolution politique et sociale de 1789.

L'école française a fleuri tardivement, alors que les écoles italiennes étaient déjà en pleine décadence. Le Dominiquin, le Guide, l'Albane étaient les trois seuls artistes vraiment remarquables qui restassent à la patrie de Raphaël, de Michel-Ange et de Titien.

L'Espagne, au contraire, était en possession de ses deux plus grands peintres : Velazquez et Murillo. Mais leurs œuvres étaient peu connues en France, et leur influence y fut à peu près nulle. L'école allemande avait épuisé sa fécondité. Il ne restait plus que les Pays-Bas. Rubens et Van Dyck étaient alors dans tout l'éclat de leur gloire. L'école flamande brillait au premier rang. Or, l'école française, au moins dans son origine, se rattache visiblement à l'école flamande. Les premiers peintres français dignes d'être cités, les Clouet, avaient apporté en France la tradition des frères Van Eyck, dont leur père était le compatriote, et dont ils étaient, dit M. Viardot, les « disciples lointains. »

Plus tard, Philippe de Champagne, flamand de naissance, comme es Clouet, se ressentit assez de sa patrie d'origine pour que les avis soient encore partagés aujourd'hui sur l'école dans laquelle il convient de le placer. Rubens avait été le peintre de Marie de Médicis. Il n'avait pas été, certainement, sans exercer une grande influence sur les artistes français de son époque. Mais, en même temps, l'étude des maîtres italiens leur avait ouvert d'autres horizons. Il ne faudrait pas, toutefois, exagérer l'importance de l'école dite *de Fontainebleau ;* ce n'est pas par les artistes italiens venus en France que nos peintres ont reçu les véritables et utiles leçons de la Renaissance. Léonard ne vécut en France que quatre années et n'y exécuta *aucun ouvrage ;* Rosso et Primatice avaient un mérite incontestable, mais ne pouvaient pas fonder une grande école ; et, si leurs enseignements n'étaient pas inutiles parce qu'ils possédaient encore un peu de cette *maëstria* qui avait fait la gloire de leurs devanciers, ils n'apportaient en France que des pratiques déjà affaiblies, des idées fausses sur le beau véritable, un goût peu sûr ; l'étude des peintures de Fontainebleau ne pouvait donc être qu'une étude préparatoire ; encore risquait-on de s'y fausser irréparablement le goût. Nos peintres du xviiᵉ siècle le comprirent. Tous, sauf Lesueur, voulurent étudier les Italiens chez eux. Rome surtout, qui renfermait en si grand nombre les chefs-d'œuvre de ceux que M. Viardot appelle les *grands dieux* de la peinture, semble avoir exercé sur les peintres français un attrait irrésistible ; quelques-uns, et des plus grands, y ont vécu et y sont morts. Etaient-ce des raisons purement artistiques qui les avaient décidés à cette sorte d'exil ? Les intrigues et les cabales auxquelles ils se seraient heurtés en France n'étaient-ils pas en partie les causes de leur éloignement volontaire ? C'est ce qu'il conviendra d'examiner en son lieu. Le fait évident, c'est que les peintres français, avec un tempérament réaliste qu'ils tenaient sans doute des Flamands, ont toujours été chercher leur voie en Italie ; les maîtres italiens ont été leurs guides et leurs modèles, et c'est précisément cette union du réel et de l'idéal qui a fait la force, la solidité, la puissance de l'école française du xviiᵉ siècle. Les peintres de cette époque ont compris que l'art ne saurait être l'imitation servile de la nature, la recherche de l'idéal au mépris du réel. Ils savaient, ils sentaient que l'art est une aspiration vers le beau et que le beau se trouve à la fois dans le sentiment et dans la forme.

L'art est une aspiration vers le beau, ai-je dit ; mais qu'est-ce que le beau ? La question sera-t-elle jamais résolue ? Le beau se rencontre souvent et s'explique malaisément ; le définir est chose difficile. Autant ses manifestations nous frappent et nous émeuvent, autant son essence même nous échappe. Nous savons discerner la beauté d'un objet, la sublimité d'une action ou d'un sentiment. Une émotion particulière nous saisit à la vue d'une belle statue antique, d'un monument parfaitement ordonné, d'un tableau de maître ; une musique harmonieuse nous est agréable ; elle nous transporte si l'inspiration mélodique révèle le génie du compositeur ; la littérature, aussi bien que les arts, nous offre le beau sous des formes multiples ; les grandes scènes de la nature éveillant en nous le sentiment intime de leur beauté, excitent notre enthousiasme ; enfin, dans l'ordre purement psychologique, en dehors de toute action des sens, n'éprouvons-nous pas à la pensée d'une belle action, d'une fière et généreuse parole, ce sentiment qui se traduit par ces deux mots : *C'est beau !*

Et cependant, alors que nous sentons partout sa présence, quand nos sens et notre esprit le perçoivent de toutes parts, il nous est impossible, en dernière analyse, de trouver le principe primordial qui constitue le *beau*. Pourtant l'impression qu'il produit sous ses formes les plus diverses est toujours la même ; l'enthousiasme du beau nous fait toujours éprouver la même sensation ; c'est une sorte de joie profonde, qui peut, chez certaines organisations, aller jusqu'au bonheur, jusqu'à l'extase. Un sentiment si simple, si *un*, ne saurait provenir de causes multiples ; il est certain qu'un même principe réside dans tout ce qui nous fait éprouver la sensation du beau ; et, désespoir de la raison humaine, c'est ce principe même que nous ne pouvons concevoir.

Au moins nous reste-t-il ses manifestations et les émotions qu'elles nous procurent. C'est précisément la mission des artistes de nous les faire connaître. C'est là le but vers lequel doivent tendre leurs efforts. Chercher le vrai, c'est bien ; chercher le beau, c'est mieux, et, d'ailleurs, ces deux termes sont-ils donc incompatibles ? Il existe là-dessus des opinions diverses : L'art doit-il être idéaliste ? doit-il être réaliste ? Il me paraît qu'il peut, qu'il doit être à la fois l'un et l'autre. Qu'est-ce donc que l'idéalisme pur ? Est-ce la négligence de la forme et de la couleur, le mépris du dessin ? la recherche absolue, exclusive de l'idée ? Mais, comment exprimer l'idée ? Etant admis qu'il est impossible d'éviter l'emploi de moyens *réels* pour atteindre l'idéal, doit-on réduire ces moyens à leur plus simple expression ? En suivant une telle voie on arriverait promptement à l'absurde. L'homme ne se compose pas uniquement d'une intelligence, il a aussi des sens. C'est par ses sens qu'on arrive à toucher son cœur, à frapper son esprit. La forme est un auxiliaire puissant de la beauté morale, et prétendre s'en passer ou même la négliger serait une impardonnable erreur.

L'art sera donc *réaliste ?* Comment faut-il l'entendre ? On a dit que l'art est l'*imitation de la nature*. L'art une imitation ! une copie ! C'est le moyen pris pour le but. Quoi, un artiste n'aura plus d'autre objectif que de rendre avec une fidélité scrupuleuse ce qui frappe sa vue? On pourra dire alors : quelle admirable étude ! Comme tout est bien dessiné, peint, mis à sa place ! C'est la nature prise sur le fait. Eh bien, qu'est-ce que cela prouve? Que l'artiste est un excellent dessinateur? c'est un point ; qu'il est coloriste habile? d'accord ; qu'il a l'œil bon et la main sûre ; qu'il a parfaitement copié la nature? c'est évident. Mais, où donc est l'art? où donc est la pensée du peintre? Quelle est dans son œuvre sa note personnelle, originale? S'il s'est borné à copier servilement ; s'il n'a pu produire, par la vue de son tableau, d'autre impression que celle de la réalité ; s'il n'a touché que ma vue ; s'il n'a pas éveillé en moi d'autre sentiment qu'un intérêt banal, en un mot, s'il s'arrête aux sens, il n'a pas fait œuvre d'artiste ; et s'il va plus loin, s'il sait m'émouvoir, s'il parle à mon cœur, à mon intelligence, il y a donc dans son tableau autre chose que des objets visibles ; il y a donc une pensée qu'il m'a su communiquer ; ce n'est plus alors du *naturalisme* pur. Une œuvre d'art purement réaliste serait aussi incomplète que celle qui tendrait exclusivement à l'idéal ; l'une aussi bien que l'autre ne s'adresserait qu'à une partie de moi-même (1).

Il me semble qu'on peut conclure ainsi : l'art n'existe pas sans le sentiment ; mais le sentiment se trouve partout dans la nature. Celui qui le cherche de bonne foi est certain de l'y rencontrer. On peut donc, par la représentation de choses réelles, aspirer à l'idéal. En esthétique, rien n'est à négliger. Dans un tableau la forme a sa beauté, la couleur a la sienne ; l'expression complète le tout et lui donne la vie. Les maîtres anciens l'avaient ainsi compris. Ils étaient *idéalistes* dans le bon sens du mot. Toutefois ils cherchaient passionnément la vérité et ne se lassaient point de soigner l'exécution matérielle de leurs œuvres. La forme n'était pas pour eux une entrave dont on doit s'affranchir ; ils voulaient peindre, ils savaient peindre. Leurs ouvrages étaient donc une excellente étude pour nos artistes. Ceux-ci, pourtant,

---

(1) Le réaliste, a dit M. Vacherot, le réaliste, qui borne l'art à l'imitation de la réalité, l'idéaliste qui s'égare dans l'idéal pur, ne violent jamais impunément l'harmonie de ces deux termes : — idéal et réel. — L'un reste incomplet, l'autre impuissant — ..... de l'expression sans vie, de la vie sans expression, telle est l'alternative à laquelle se condamne l'artiste qui prête l'oreille aux écoles exclusives.

rencontrèrent un écueil dans leur éducation première. Simon Vouet ne trouva pas de modèle qui lui parût supérieur à Caravage et au Guide, comme Mignard et Lebrun s'éprirent des Carrache. Ceci appelle une explication.

Un éminent critique d'art (1) a rendu Michel-Ange responsable de la décadence de la peinture italienne. N'est-ce pas là un reproche exagéré. Ce n'est pas la faute du grand artiste florentin, s'il a trouvé des imitateurs maladroits. Toutefois, il n'est que juste de reconnaître que l'étude mal raisonnée de ses œuvres a pu avoir une influence funeste (2). Qu'on s'arrête un instant devant certaines peintures de Fréminet, par exemple : Quelles attitudes tourmentées ! quelle couleur sauvage ! quel dessin lourd et peu élégant ! Ce ne sont que raccourcis audacieux, trop cherchés et d'un goût douteux ; muscles saillants comme si toutes les forces tendaient à les faire ressortir ; expression forcée et d'une incroyable exagération. Ou bien, quand le peintre se soustrait à cette idée fixe de la force physique, il donne des allégories prétentieuses, d'un dessin incorrect, d'une couleur fade. Quel enseignement pouvait-on tirer de tels ouvrages ? De pareils modèles n'auraient certes pas contribué à l'éclosion d'une véritable et grande école de peinture. Pourtant, c'était là la première étude de nos peintres. Ils s'initiaient ainsi à l'art par le plus mauvais côté. Le voyage en Italie leur faisait bien sentir la différence, l'abîme qui séparait les grandes écoles italiennes de l'école de Fontainebleau, leur fille dégénérée ; mais alors, de deux choses l'une : ou ils ne pouvaient se défaire entièrement d'une habitude enracinée, ou, par un sentiment de réaction bien légitime et bien aisé à comprendre, ils tombaient dans l'exagération contraire.

Simon Vouet (1590-1649) fut de ces derniers. De Piles l'appelle le *Raphaël de la France*. Mignard aussi reçut ce surnom de ses contemporains. Ni l'un ni l'autre ne l'a gardé, car ni l'un ni l'autre ne le méritait. Ce nom glorieux, la postérité l'a décerné à un peintre qui n'avait jamais connu Sanzio chez lui. J'ai désigné Lesueur. Cette pré-

---

(1) M. Vitet. Etude sur Lesueur.
(2) Michel-Ange avait prévu cela, quand il a dit : « Ma science enfantera des maîtres ignorants. »

férence est amplement justifiée, comme je tâcherai de l'expliquer tout à l'heure.

Mais si le Vouet ne mérite pas l'enthousiasme irréfléchi qui accueillit ses œuvres à leur apparition, il tient pourtant une place marquante dans notre histoire artistique. Il secoua le joug énervant de l'école de Fontainebleau et tenta une rénovation hardie qui réussit pleinement. Non qu'il fût lui-même un peintre de premier rang ; il avait une habileté de main qui lui fut plutôt nuisible qu'utile. Il peignait trop vite, étant obligé de satisfaire à de nombreuses commandes. Aucune de ses œuvres n'est digne de rester comme modèle ; mais son atelier fut l'école d'où sortirent les plus grands peintres de la France après Poussin et le Lorrain.

Ces peintres, je ne les citerai pas tous. Dans cette étude rapide j'ai dû me restreindre et m'arrêter seulement aux plus illustres, à ceux dont les noms résument pour ainsi dire l'art de peindre au xviiᵉ siècle.

Pour étudier complètement la peinture à cette époque mémorable, pour passer en revue tous ceux qui, à des degrés divers, sollicitent l'attention de l'histoire et de la critique, un gros volume eût été nécessaire. Quelle phalange que celle où l'on voit, groupés autour des Poussin, des Lesueur, des Lorrain, dans un espace d'un siècle à peine les frères le Nain, avec leur profond réalisme ; le Valentin, avec son puissant clair-obscur et cette ardente recherche de l'idée dans les sujets les plus vulgaires ; le Guaspre qui savait si bien imiter la nature ; Philippe de Champagne si noble, si grand parfois ; Claude Lefèvre, Largillière, Rigaud, ces admirables portraitistes ; et Jacques Stella, et Laurent de la Hyre, et Dufresnoy, et Sébastien Bourdon, et Pierre Patel, et Noël Coypel et Van der Meulen, Jouvenet, de Troy, Bon Boullogne, Santerre... je n'en finirais pas !

C'est à regret que je me borne à citer ces noms ; dans un précédent travail, j'ai du reste essayé d'étudier quelques-uns des artistes dont je viens d'offrir la liste incomplète ; aujourd'hui je me suis résolu à parler seulement des chefs de notre école du xviiᵉ siècle.

Parmi eux, et en égalité avec les plus illustres, figure Eustache Lesueur (1616-1655), qui est certainement un des plus étonnants artistes qui aient jamais existé. Tout se réunit pour fixer l'attention sur cette figure intéressante et sympathique. S'il est des hommes qui semblent marqués au berceau par les génies bienfaisants, il en est d'autres dont la destinée est bien différente. Tout sourit aux premiers; la nature les comble des ses dons ; la fortune leur verse à pleines mains ses trésors. Ils sont aimés, admirés; leur vie est un triomphe perpétuel et la gloire n'attend pas leur mort pour les couronner ; ils assistent, vivants, à leur apothéose.

Les autres, avec un génie puissant, une vaste intelligence, semblent avoir contre eux une force invisible qui les confine dans la pauvreté et l'obscurité. Rien ne leur vient en aide, ils travaillent seuls, ils suivent péniblement leur carrière. Leur existence tout entière est une lutte sans trêve, et quand enfin la gloire vient à eux, elle ne couronne plus qu'une tombe. Que leur a-t-il donc manqué, à ceux-là? Pourquoi si peu de bonheur avec tant de génie? Quelle apparente injustice les condamne à une condition si peu en rapport avec la grandeur future de leur nom? Ces réflexions se présentent naturellement à l'esprit lorsqu'on pense à Lesueur.

Comme à tant d'autres, on lui a donné à notre cher et doux artiste ce surnom écrasant de Raphaël. Seul il a pu le justifier en partie. Comme le peintre d'Urbin il mourut jeune; comme lui il dépassa son maître et n'eut pas de successeurs dignes de son héritage; comme lui il est unique dans son genre et dans son pays; comme lui il eut le spiritualisme, la grâce ineffable, le sentiment exquis et divin. Il a fait plus encore. Raphaël avait connu et compris l'antiquité, Lesueur l'a devinée. Mais quel contraste dans leur existence ! Voyez l'immortel élève du Pérugin : la fortune le prend dès son adolescence et le conduit pas à pas. Tout jeune il arrive à la renommée; il voit se courber devant lui ses contemporains. Il est riche, il est puissant, il est honoré plus que les grands seigneurs; une sorte de cour se dispute ses leçons et son amitié; il entre en lutte, lui, jeune homme, avec le plus puissant génie de la Renaissance, et il sort de cette lutte, sinon vainqueur, du moins invaincu. Et quand il meurt, lassé de gloire et d'honneurs, ayant épuisé la coupe des prospérités, son lit de mort est comme un autel et son cortège funèbre comme une marche triomphale.

Lesueur naît pauvre, vit pauvre, meurt pauvre; non pas peut-être de cette misère criante qui devient plus tard une illustration nouvelle :

la misère d'Homère, de Cervantes, de Camoëns, ou celle de Corrége. Non, Lesueur n'est pas pauvre à ce point; son génie le fait vivre. Mais il se débat longtemps contre l'obscurité. Il entra dans l'atelier de Vouet. On a prétendu qu'il y fut reçu par charité. Le fait n'est pas absolument prouvé; mais une pareille supposition ne suffit-elle pas à donner la mesure de l'âpreté de ses débuts. C'est une chose digne de remarque que les trois plus grands artistes français du XVIIe siècle, Poussin, Lesueur et le Lorrain ont eu des commencements incroyablement difficiles. Lesueur était trop pauvre pour faire le voyage d'Italie. Il n'avait pas trouvé, comme Lebrun, un protecteur généreux qui l'y envoyât à ses frais. Il ne quitta pas la France. Or, par ce qu'a fait Lesueur, on peut juger de ce qu'il aurait accompli s'il eût pu visiter la patrie des merveilles de l'art.

N'importe, si on ne peut contester son talent, on le loue modérément. Il blesse d'ailleurs, comme une épine au pied, Lebrun qui est secrètement son ennemi autant que son rival. Enfin, l'indifférence à son égard devient assez grande pour que, de nos jours, il soit devenu difficile de connaître les particularités les plus importantes de son existence. On ne savait même pas au juste où il est mort et, au siècle dernier, son chef-d'œuvre périssait faute dé soins lorsqu'on eut enfin la pensée de le mettre en sûreté et d'assurer sa conservation.

Il y a là une criante injustice, et Lesueur ne méritait pas un pareil dédain. Qui, plus que lui a donc honoré l'école française? Quel artiste eut un goût plus pur et plus délicat, un sentiment plus élevé, une expression plus parfaite? Lesueur, c'est l'idée à la fois simple et grande; c'est l'âme de l'artiste dévoilée et fixée tout entière sur la toile avec sa tristesse résignée, ses tendresses infinies, ses aspirations continuelles vers le beau; c'est la composition noble et savante, le dessin naïf et pur, la couleur harmonieuse et suave; en un mot, c'est l'artiste véritable, sincère, original, tirant tout de soi-même, se livrant tout entier, s'adressant au cœur, à l'intelligence, à tout ce que l'âme humaine contient de meilleur et de plus élevé. L'œuvre de Lesueur, c'est le triomphe du sentiment; c'est plus encore pour qui sait le comprendre, car il possède cette qualité précieuse, inestimable qui fait qu'on aime l'homme en admirant l'ouvrage de l'artiste.

Français et Parisien, Lesueur est presque tout entier au Louvre.

On peut l'y apprécier en toute sûreté. Qu'on le visite, qu'on l'étudie, on trouvera partout les mêmes qualités maîtresses. Je crains de fatiguer le lecteur en prolongeant trop cette étude. Je n'analyserai donc pas minutieusement les nombreux tableaux et dessins de Lesueur. Je me réduirai à citer celui qu'on a placé dans le salon carré du Louvre, à côté des plus belles œuvres de toutes les écoles : l'*Apparition de sainte Scholastique à saint Benoît*. Lesueur a donné dans cette toile la mesure de son génie. Dans un lieu désert et aride, saint Benoît, à genoux, les bras étendus, est plongé dans une extase divine. Devant lui apparaît la sainte, soutenue par trois anges, accompagée de saint Paul et de saint Pierre, et de deux jeunes filles couronnées de fleurs et la palme à la main. Il est impossible de pousser plus loin que ne l'a fait Lesueur dans ce chef-d'œuvre, l'expression de foi ardente et profonde du religieux, transporté par sa vision au-dessus de la terre et abîmé dans sa contemplation céleste. Et quelle grâce, quel charme souverain sur le visage et dans toute la personne de la sainte ! quelle beauté morale dans ces personnages groupés avec un art parfait, une convenance irréprochable ; quelle simplicité de moyens, et quel effet, d'autant plus puissant qu'il est moins cherché, d'autant plus durable qu'on l'éprouve peut-être moins spontanément. L'*extase de saint Benoît* est une toile de dimensions restreintes ; mais on peut dire que c'est un grand tableau dans un petit cadre.

Du reste, soit dans l'*Extase de saint Benoît*, soit dans l'admirable *vie de saint Bruno*, (1) soit dans la *Prédication de saint Paul à Ephèse* (2), soit dans les *Neuf Muses* ou dans l'*Histoire de l'Amour* (3),

---

(1) La *Vie de saint Bruno*, commencée en 1645 pour la décoration du petit cloître des Chartreux, rue d'Enfer, fut terminée en 1648.

(2) 1649.

(3) Cette série de tableaux fut peinte pour la décoration de l'hôtel Lambert, rue Saint-Louis en l'île, appartenant aujourd'hui à la famille Czartorysky. Lesueur travaillait à cette décoration en même temps que Lebrun. On ne peut lui assigner une date précise. *On prétend qu'elle fut laissée et reprise plusieurs fois.* Guillet de Saint-Georges dit que ces tableaux furent peints dans la manière de M. *Vouelle* (Simon Vouet). Lépicié, au contraire, dans une biographie manuscrite conservée à la bibliothèque de l'Ecole des Beaux-Arts, prétend, dit M. Eugène Villot dans la *Notice* des tableaux du Louvre, qu'ils ne furent commencés qu'en 1648, c'est-à-dire,

on voit la même noblesse de pensée, le même charme irrésistible. Lesueur exprime avec une égale vérité les élans de la foi et les rêveries aimables et gracieuses, et, dans les genres les plus divers, il reste toujours dans son exquise originalité.

Lesueur avait connu Poussin, on dit même, quoique le fait soit aujourd'hui contesté, que le peintre des Andelys lui envoya de Rome des dessins qu'il faisait lui-même d'après l'antique. Aucun fait précis ne vient confirmer ce point et Lesueur ne paraît pas avoir étudié ces modèles. Son mérite n'en est que plus extraordinaire. Quand on lui confia, en même temps qu'à Lebrun (en 1649), la décoration de l'hôtel Lambert, il montra toute la différence qui le séparait du futur peintre du roi.

Lebrun peignit les *Travaux d'Hercule*, Lesueur l'*Histoire de l'Amour*. « Autant Lebrun était énergique, dit M. Charles Blanc, autant Lesueur était suave et tendre. L'un, tourmenté par le souvenir d'Annibal Carrache, faisait contraster les groupes, les attitudes, les membres et les draperies, étalait son savoir académique, remuait sa composition et lui imprimait, par des touches mâles et par la violence de certains tons, un aspect grandiose ; l'autre, devinant Raphaël, restait simple, tranquille et doux, laissait suivre à ses lignes et à ses figures les mouvements naturels de la grâce, et, recouvrant de tons attiédis ses délicates et ingénieuses pensées, leur donnait le caractère d'un rêve charmant (1). »

Que de choses il resterait à dire ! mais la place me manque ; et, quoique à regret, il me faut quitter cette grande figure artistique qu'on ne saurait jamais trop étudier et trop admirer.

Deux grands noms se présentent encore à la pensée, avec celui de Lesueur : Poussin et le Lorrain (1600-1682).

---

après l'achèvement de la *Vie de saint Bruno*. L'exécution de quelques-unes des toiles de l'*Histoire de l'Amour* et des *Neuf Muses* est évidemment supérieure à tout ce qu'avait jamais pu faire Simon Vouet ; ces tableaux sont de la meilleure manière de Lesueur et ne peuvent être attribués à ses débuts. D'ailleurs, Lebrun ne commença son travail que postérieurement à son retour de Rome, c'est-à-dire en 1648 ou 1649 ; or Lesueur est mort en 1655 ; l'*Histoire de l'Amour* est donc bien décidément l'œuvre de ses dernières années.

(1) Hist. des Peintres.

Le Lorrain ! Quel nom magique et quels souvenirs il évoque. Est-il une destinée plus singulière que celle de cet homme à l'esprit épais et lourd d'apparence, qui ne sait rien, qui n'a pour ainsi dire pas de maître, et, par un travail continu, acharné, le véritable *labor improbus* des anciens, arrive à un si haut degré dans l'art, et sera le plus lumineux, le plus aérien de nos peintres, justifiant ainsi d'avance la parole de Buffon que *le génie est une grande puissance d'attention*.

Claude Gellée vint deux fois à Rome. Une première fois en 1613, une seconde fois en 1627 avec Charles Errard, peintre du roi. C'est alors seulement que sa réputation lui assure une existence honorable. Il ne retourna jamais en France : qu'y aurait-il fait ? quelle nécessité pour lui de se heurter à cette jalousie, à ces cabales, qui avaient désespéré Lesueur et qui tenaient Poussin éloigné ? Ce sublime ignorant ne voyait, ne connaissait que son art ; les beaux sites, les ruines imposantes, la mer enflammée des rayons du soleil formaient ses jouissances et son étude ; le travail qui occupait toute sa vie, n'y laissait aucune place pour la brigue et pour l'ambition.

Le nom de Raphaël signifie si bien la perfection de la peinture qu'on l'a donné à presque tous les artistes qui ont montré un génie supérieur ou qu'on voulait élever au-dessus de la foule. Aussi a-t-on nommé Claude Gellée le *Raphaël du paysage*.

« Ce surnom, a écrit M. Louis Viardot, je l'accepte en le justifiant. Oui, Claude est le Raphaël de son genre, d'abord, parce que, dans ce genre, personne ne lui a jamais disputé sérieusement la première place ; de plus, parce que, semblable à Raphaël, il a créé, en quelque sorte, une nature poétique, idéale, copiée des rêves de l'artiste plutôt que des vues réelles, rassemblant ainsi des traits choisis de toutes parts, et, par cela, plus belle aussi que la nature seule et simple. De sorte qu'il a mérité, comme Raphaël, la flatterie outrée que Shakespeare, dans *Timon d'Athènes*, fait adresser ironiquement au peintre par le poète : « Votre tableau est une leçon donnée à la nature. »

Qu'on examine un instant les toiles du Lorrain : quelle conception grandiose ; quelles lignes superbes ; quelle lumière éblouissante ! Je ne m'arrête pas naturellement aux *bonshommes* que le Lorrain faisait faire par ses élèves, Filippo Lauri entre autres, et qu'il *donnait par-dessus le marché*. On croyait nécessaire. alors de ne montrer que des paysages habités. Claude se conformait à cette règle pour vendre ses toiles, mais s'inquiétait peu que les personnages qui les *ornaient* fussent bons ou mauvais. D'ailleurs, leur médiocrité misérable ne fait que mieux ressortir la beauté de l'œuvre en elle-même. Claude, comme l'aigle, a eu l'audace de regarder fixement le soleil ; il s'est joué des difficultés les plus insurmontables en apparence ; on dirait qu'il les a créées à plaisir. Est-il quelque chose de plus étonnant et de plus beau que les toiles éblouissantes qu'on nomme le *Débarquement de Cléopâtre*, ou *Ulysse remettant Chryséis à son père*, ou le *Port de mer au soleil couchant*, ou les *marines* diverses dont le Louvre possède quelques-unes. Comme l'air y circule bien ; comme l'eau est limpide ! Comme les monuments sont baignés de cette chaude lumière que le Lorrain savait si bien rendre ; quel beau ciel et quels lointains infinis !

Hélas, toutes les œuvres de l'illustre paysagiste ne sont pas aussi bien conservées. Des restaurations inhabiles en ont détruit une partie, entre autres le *Passage du Gué*, un chef-d'œuvre que la gravure seule nous a conservé. Quels commis ignorants ont donc livré à des mains inexpérimentées des toiles qu'aucune restauration ne sauraient embellir. Ce malheureux chef-d'œuvre, est aujourd'hui relégué presque hors de portée de la vue. Il est là comme une protestation éternelle contre l'ignorance des administrateurs d'autrefois !

L'œuvre de Claude est immense et se trouve répandu partout. L'Angleterre surtout est favorisée. Mais là encore l'administration a fait des siennes. Une toile superbe : le *Moulin*, qu'on nomme aussi les *Noces de Rébecca et d'Isaac* a subi le sort lamentable du *Passage du Gué*. Toutefois, il reste encore des morceaux de la plus inestimable valeur : *Sainte Ursule et les onze mille vierges*, la *Mort de Procris*, *Agar dans le désert*, (1) sans compter les innombrables tableaux et dessins que

---

(1) Il y a la *National Gallery* des Claude Lorrain légués par Turner, le peintre de marine et de paysage. Ces tableaux, par suite des dispositions testamentaires, ont dû être placés auprès d'œuvres du testateur que celui-ci regardait comme ses meilleures productions. Ainsi, par exemple, à côté d'un grand Claude Lorrain représentant

possèdent les particuliers, entre autre un trésor sans prix, le *Livre de vérité*, recueil de 200 dessins exécutés par le Lorrain d'après ses meilleurs ouvrages et qui appartiennent aux descendants des ducs de Devonshire (1).

Madrid, Saint-Pétersbourg montrent encore avec orgueil des pages magnifiques de notre grand paysagiste dont le nom restera à jamais parmi les illustrations nationales.

De Claude Gellée à Nicolas Poussin (1594-1665) la distance est petite. Ils ont au moins ceci de commun qu'ils furent tous les deux à peu près sans maîtres. Il n'a pas tenu à celui dont le nom est resté le plus grand de notre école de peinture, qu'il ne devînt le favori de la cour; mais Poussin avait à un degré trop élevé le sentiment de sa valeur, il ne pouvait consentir à lutter chaque jour pour la conservation d'une place, si honorable qu'elle pût être (2). Comblé d'abord de prévenances, il ne tarda pas, toutefois à se lasser d'une cour où le mérite

---

le *Départ de la reine de Saba*, on a mis un Turner d'égale dimension, représentant *Enée et Didon amenés par l'orage à la même grotte*. Le plus grand éloge qu'on puisse faire des paysages de Turner, c'est de dire qu'ils supportent la comparaison; on ne saurait aller pourtant jusqu'à prétendre qu'ils égalent les ouvrages du Lorrain.

(1) Cet inestimable trésor qu'on appelle le *Livre de vérité* fut vendu, par des héritiers du Lorrain, *200 écus* seulement.

De même : la *Madeleine* de Lesueur lui avait été payée 100 livres, et sa *Prédication de saint Paul à Ephèse* 400 livres! Les 146 dessins de Lesueur, formant la suite de ses études pour la *Vie de saint Bruno*, ont été achetés *502 livres* en 1741, par le marquis de Gouvernet.

Enfin, le tableau des *Philistins frappés de la peste*, par Poussin, ne fut payé que 60 écus!

(2) Poussin, venu à Paris en 1614, à l'âge de vingt ans, essaya, après quelques travaux, de se rendre à Rome. Il n'alla que jusqu'à Florence. Une seconde fois, le manque d'argent l'arrêta à Lyon. Ce ne fut qu'en 1624 qu'il put enfin parvenir jusqu'à la capitale des beaux-arts. Il y resta bientôt sans appui et sans protection, et, dénué de ressources peignit pour vivre des tableaux qu'il vendit à vil prix. *Une Bataille* 14 écus. *Un Prophète* 2 écus. En 1640, et après de vives instances faites auprès de lui à plusieurs reprises, il se rendit à Paris, où il fut fort honorablement reçu, logé aux Tuileries et nommé en 1641 premier peintre ordinaire du roi. Il ne resta à Paris que deux ans, et, rebuté par les intrigues de Vouet, de Feuquières et de Mercié l'architecte, il demanda son congé en septembre 1642 et repartit pour Rome d'où il ne revint plus.

ne suffisait pas. Il retourna à Rome où il vécut désormais, travaillant pour la postérité.

En prononçant ce nom de Poussin, il faut se recueillir. Poussin n'est pas seulement original ; on peut dire qu'il est unique entre tous les peintres. Il ne procède absolument de personne, et on ne saurait dire qu'il ait eu des élèves. On a appelé Poussin le *peintre des gens d'esprit*, titre qui serait à la fois prétentieux et insuffisant si on ne donnait à ce nom d'*homme d'esprit* que la signification que nous lui accordons de nos jours. Poussin est à la fois un artiste et un philosophe, un penseur et un poète. « Il voulait surtout, a écrit de Piles, parler aux yeux de l'esprit. » On peut dire qu'il y a réussi plus que personne.

La profondeur de ses idées, la sévère beauté de ses compositions et l'élévation de son style font de Poussin un peintre de premier ordre. Il n'a jamais fait que des tableaux de chevalet et pourtant, qui pourrait contester que son œuvre soit de la belle, de la grande peinture. Raphaël, sur une toile d'un pied carré, a peint un véritable tableau d'histoire : la *Vision d'Ezéchiel* (1). Poussin dans ses *Bergers d'Arcadie*, dans son *Déluge*, est arrivé sans effort au sublime.

Toutefois, pour bien apprécier la valeur de ce grand artiste, il est nécessaire de l'étudier avec attention. Ses toiles n'ont pas été peintes en vue de flatter les yeux. Son coloris sombre lui a été reproché bien des fois. Ce coloris s'explique d'ailleurs par la préparation des fonds et des couleurs dont se servait Poussin. Mais qu'on examine ses tableaux, qu'on s'arrête devant eux, et bientôt on sentira quelles grandes pensées se dégagent de ces œuvres magistrales que personne n'oserait imiter, dont aucun artiste n'approchera désormais.

Images riantes, folles ivresses païennes, haute philosophie, sublime horreur des cataclysmes, foi austère des premiers chrétiens, Poussin a tout réuni, a tout exprimé. Son caractère répondait à son talent, et quand il n'eût pas été le peintre que l'on sait, il n'en fût pas moins resté un homme supérieur. Il marque le point culminant de l'art français au xviie siècle.

---

(1) Au palais Pitti, à Florence.

Poussin n'était pas allé à l'école de Simon Vouet, et il avait trente ans lorsque, après deux tentatives infructueuses il fit enfin son premier voyage à Rome, ayant déjà donné la mesure de ce qu'on pouvait attendre de lui. Il s'écarta, dès le début, des idées reçues à son époque. Il n'avait pas connu l'école de Fontainebleau ; ce fut pour lui un bonheur.

Arrivé en Italie, il vit l'antique, l'admira, l'étudia avec amour, avec passion. La renommée, qui s'était fait attendre, vint enfin lui assurer l'indépendance. Cette réputation si bien justifiée, la postérité l'a conservée intacte.

Le nom de Poussin est aujourd'hui un de ceux qui, selon l'expression de M. Louis Viardot, portent en eux leur louange.

Ses œuvres, objet d'une admiration universelle, sont disséminées dans toute l'Europe. L'Angleterre s'en est approprié un grand nombre; du moins la France n'est-elle pas cette fois la moins bien partagée. Le Louvre possède de Poussin trente-neuf tableaux et trente-et-un dessins. Et parmi ces tableaux se trouvent *Diogène*, les *Bergers d'Arcadie*, *Rébecca à la fontaine*, le *Jugement de Salomon*, la *Manne dans le désert*, le *Déluge*.

Comment apprécier cette dernière œuvre qui est restée la première par le mérite comme elle est la dernière par sa date. Poussin avait soixante-et-onze ans lorsqu'il peignit cette page admirable qui fut le dernier mot de son génie. Quelle grandiose simplicité dans la composition ; et quel saisissant effet se dégage de cette toile devant laquelle, malgré soi, on se sent envahi par une émotion poignante, insurmontable ! Cette couleur funèbre, que le temps a encore assombrie, ne donne-t-elle pas l'expression la plus parfaite de la désolation et de la ruine ? Tout semble devoir s'anéantir et le chaos va recommencer. Mais au loin apparaît l'arche qui flotte sur les eaux profondes et terribles, comme l'espérance survit encore dans le cœur de l'homme après l'effondrement de son bonheur ou de sa prospérité.

Quand Poussin n'aurait fait que le *Déluge*, il serait encore le plus grand de nos peintres. C'est par lui que je veux terminer la première partie de cette étude. Il forme avec Lesueur et le Lorrain une rayonnante trinité dont la France du XVIIe siècle peut s'enorgueillir :

« Au sentiment exquis de l'antiquité qu'il semble avoir devinée par intuition, Poussin joignit toutes les connaissances acquises jusqu'à son époque. Tandis qu'il consultait sans relâche les monuments et les modèles de son art, les grandes œuvres des grands maîtres, allant à la Grèce pour revenir à l'Italie, il étudiait l'architecture dans Vitruve et Palladio, l'anatomie dans André Vesale et les amphithéâtres de dissection, le style dans la Bible, Homère, Plutarque et Corneille, le raisonnement dans Platon et Descartes, la nature, enfin, dans tous les êtres et tous les objets qu'elle offre à l'imitation. Il prenait à la philosophie, à la morale, à l'histoire, à la poésie, au drame, tout ce qu'ils peuvent prêter de force, de grandeur et de charme à la peinture, et, penseur éminent, raisonneur inflexible, il portait plus loin que nul autre la pensée et la logique dans les profondeurs de l'art. »

VIARDOT. — *Merv. de la Peinture.*

Après lui, d'autres artistes sont venus, qui méritent encore une haute estime. La seconde moitié du XVIIe siècle nous présente encore des noms fameux; mais aucun n'arrive au rang des trois grands peintres qui sont les chefs de notre école. Malgré l'éclat de leur talent, ce ne sont pas Mignard et Lebrun qui éclipseront Poussin et Lesueur.

II

Lorsque j'ai entrepris cette étude sur la peinture française au xvii⁰ siècle, j'ai dû la diviser en deux parties correspondant à deux périodes bien distinctes.

Cette division n'est pas uniquement fondée sur la chronologie. C'est au point de vue artistique qu'elle était surtout nécessaire, car les peintres dont je vais avoir à parler maintenant appartiennent entièrement à la partie du xvii⁰ siècle qui a reçu plus particulièrement le nom de *siècle de Louis XIV*.

Deux personnalités surtout marquent à cette époque dans l'art de peindre : Mignard et Lebrun. Ce sont donc ces deux artistes que je vais maintenant essayer d'étudier, car ils sont les représentants les plus complets de la peinture d'histoire pendant le règne de Louis XIV.

Mignard (1610-1695) avait été à l'école de Simon Vouet. Lors de son séjour en Italie (1), il fit de grands et constants efforts pour transformer sa manière. L'œuvre des Carrache l'avait évidemment séduit, il l'étudia avec une ardeur sans égale. Les Carrache n'étaient pourtant pas les meilleurs modèles qu'il pût prendre ; mais Pierre Mignard n'avait pas le tempérament nécessaire à l'étude des véritables grands maîtres. Il sentait bien ce qu'il y avait d'insuffisant dans la réforme tentée par Simon Vouet ; et c'est la preuve d'un sentiment artistique élevé que d'avoir compris l'inanité des enseignements de l'école de Fontainebleau. Toutefois, son éducation première fit sentir encore son influence, et, ne pouvant remonter à Raphaël, n'osant affronter l'étude des maîtres romains, il se contenta de suivre l'école bolonaise dans sa tentative aussi louable qu'insuffisante.

Mignard est célèbre comme portraitiste. Pourtant, il ne fit d'abord des portraits que pour s'assurer une existence indépendante et facile. Toujours il tourna ses efforts vers la grande peinture. Il avait passé

---

(1) Mignard resta en Italie pendant près de 22 ans, de 1636 à 1657. Il demeura à Rome 18 ans et passa ensuite par Rimini, Bologne, Modène, Parme, Mantoue, Venise, puis retourna à Rome où il resta jusqu'en octobre 1657.

vingt-deux ans à Rome. Aussi, l'a-t-on surnommé le *Romain*. Au contraire de Lebrun, il avait eu la *curiosité* d'aller à Venise, ce qui lui donna une qualité de coloriste à laquelle son rival ne put jamais atteindre. Mais, en même temps, il ne sut pas, même dans ses plus vastes ouvrages, se défaire de cette afféterie, de cette grâce outrée qui le caractérisait si bien qu'on lui a donné son nom. Cette *mignardise*, puisqu'on l'appelle ainsi, plaisait fort à ses contemporains qui l'ont surnommé, lui aussi, le Raphaël français, alors qu'il est resté toujours trop au-dessous de Raphaël pour qu'on puisse établir la moindre comparaison.

Le Louvre possède douze tableaux de Mignard, entre autres la *Vierge à la grappe* qui est peut-être l'expression la plus complète de son talent particulier. Légèreté de touche, composition élégante, grâce, coloris agréable, on trouve dans ce tableau tout ce qui distingue l'ami de Dufresnoy.

Toutefois, Mignard sut, quand il le fallait, s'élever au-dessus de lui-même. Sa coupole du Val-de-Grâce, « plus vaste, mais non plus grande que celle du Corrége au Duomo de Parme, » selon l'expression de M. Viardot, révèle néanmoins une noblesse, une élévation qu'on est heureux de rencontrer chez un de nos peintres. Le croirait-on, Mignard ne mit pas un an (1) à peindre cette immense fresque, pour l'exécution de laquelle il se fit d'ailleurs aider par Dufresnoy, son ami de jeunesse.

Puissance, majesté, composition noble et savante, raccourcis heureux, groupements pleins de convenance, telles sont les qualités de cette page magnifique où sont représentés plus de deux cents personnages. On lui a reproché quelques fautes de dessin et une mauvaise distribution de la lumière. Pour ce qui concerne cette dernière faute, en est-ce bien une ? Mignard a voulu représenter le Paradis ; il devait conséquemment lui donner un jour glorieux et ne pas s'attacher aux effets du clair-obscur.

Cet ouvrage célèbre excita au plus haut point l'admiration. Molière fit sur lui un poème. Chacun, à l'envi, voulut avoir une œuvre du

---

(1) La Coupole du Val-de-Grâce fut commencée et achevée en 1663.

peintre qui avait su mener à bien un pareil travail. Ce fut un des plus beaux moments de la vie de Mignard.

Pourtant une déception cruelle vint alors le frapper.

Lorsqu'en 1655 (1), Mazarin avait fondé l'Académie de peinture, quelques artistes, parmi lesquels brille le nom de Lesueur, avaient coopéré à sa formation et prêté leur concours dévoué à une institution dont le but était de les mettre désormais à l'abri des tracasseries suscitées par la corporation des peintres en bâtiment ; car, il faut bien l'avouer, on n'avait pas, jusque-là songé à séparer les peintres des badigeonneurs ; et il fallut un ordre exprès du roi pour que ceux-ci renonçassent à leur juridiction, et à ce qu'ils appelaient leurs droits.

Excellente dans son principe, l'Académie de peinture eut le sort de toutes les Académies. Fondée pour assurer la liberté de l'art, elle aspira presque aussitôt à l'asservir.

Toutefois, on considérait comme un honneur d'être à la tête d'une telle compagnie. Mignard croyait avoir mérité cet honneur ; il lui fut refusé et Lebrun fut nommé à sa place. Profondément froissé de ce qu'il considérait comme un déni de justice, Mignard commença une opposition dans laquelle le suivirent toutes les célébrités de la littérature et de la mode.

Lebrun avait pour lui le roi et Colbert, mais Mignard avait pour lui tout le reste. Le ministre tout-puissant désirant faire cesser cet antagonisme, et ne voulant rien brusquer, essaya d'abord des voies conciliatrices. On fit donc des ouvertures à Mignard : on lui proposa d'entrer à l'Académie. Mais le peintre qui avait cru devoir être le premier ne consentit pas à devenir le second ; les prières ne réussissant pas, on eut recours à la menace. On parla d'exil :

« Le roi est le maître, répondit Mignard, et s'il m'ordonne de quitter le royaume, je suis prêt à partir. Mais sachez bien qu'avec mes cinq doigts, il n'y a pas de pays en Europe où je ne sois plus considéré et où je ne puisse faire une plus grande fortune qu'en France. »

Fières et nobles paroles, qui seraient bien plus dignes d'admiration si elles avaient été dictées par un autre sentiment que le dépit. Rien

---

(1) L'Académie de peinture, autorisée en 1648, ne fut définitivement constituée qu'en 1655. En 1671, Colbert y ajouta l'Académie de sculpture et d'architecture.

ne put décider Mignard à une concession quelconque. Une mesure arbitraire prise à son égard aurait, certes, reçu un mauvais accueil; et telle est la force de l'opinion, même sous un gouvernement despotique, que le roi ne voulut ou n'osa pas sévir. Les choses en restèrent là. Mignard dirigea l'Académie de Saint-Luc, à côté et à l'encontre de l'Académie royale. Quelle que dût être la mauvaise humeur du roi, il n'en manifesta rien. On sait d'ailleurs quelle énorme puissance sur lui-même avait Louis XIV. Il chargea au contraire le peintre de la décoration de la galerie de Saint-Cloud, qu'il faisait construire, et affecta de lui donner des témoignages d'estime; de sorte que Colbert, pour ne point déplaire à son maître, dut se départir de son hostilité. Mais l'Académie ne pardonna jamais à Mignard et, lorsque Lebrun fut mort en 1690, elle ne reçut son ennemi que sur *l'ordre exprès* du roi.

Mignard, arrivé enfin à la situation de premier peintre, ne jouit pas longtemps des honneurs qu'il avait désirés toute sa vie. Il mourut en 1695.

La postérité s'est montrée sévère pour cet artiste qui avait été l'idole de son temps. Son œuvre considérable l'a classé au nombre des peintres féconds, mais non des grands peintres.

Ce verdict est-il juste? La vérité oblige à dire oui. L'œuvre de Mignard mérite certainement de rester, au moins comme monument de la peinture française dans la seconde moitié du xviie siècle. Mais quel abîme le sépare de Poussin et de Lesueur. M. Ch. Blanc a dit que Mignard était à Poussin ce que Carrache est à Raphaël. Il ne faut chercher dans l'œuvre de Mignard ni le style élevé, ni la pensée profonde, ni le génie créateur, ni rien enfin de ce qui fait les grands artistes; ce qu'on y trouve, c'est une couleur riche et harmonieuse, une composition parfois savante, un soin extrême, une grâce exagérée. Cette peinture est agréable; peut-on dire qu'elle est belle? L'artiste parle aux yeux, mais émeut-il le cœur? Son long séjour en Italie, à Rome même où tant d'illustres modèles étaient offerts à son étude, n'a pu faire de lui un peintre de premier rang; il n'a pas su comprendre ce qu'il y a de noble, de sublime, d'incomparable dans les œuvres des grands peintres italiens; ou, s'il l'a compris, il a senti en même temps son impuissance à les suivre : « Michel-Ange l'étonna, il aima Raphaël, mais n'osant s'attaquer directement à de tels maîtres, il prit pour objet de son culte un Raphaël plus abordable, Annibal Carrache (1). »

Plus tard on fera pis encore, et les peintres du xviii° siècle ne seront même plus à la hauteur d'un Carrache ou d'un Albane.

Nommer Lebrun (1619-1690) après Mignard, c'est faire un contraste. Charles Lebrun eut, à n'en pas douter, une incomparable puissance. Lorsqu'on voit ce qu'il a fait, on se sent pris comme d'un regret. Il est évident que Lebrun eût pu être un artiste tout à fait hors ligne. Comment donc se fait-il que, tout en restant l'un des premiers, il n'ait pu cependant arriver au niveau de son illustre maître : Poussin ?

C'est que Lebrun ne sut pas être libre. Enchaîné lui-même, il voulut aussi enchaîner les autres. Or, la liberté est un élément essentiel des travaux de l'esprit. Le génie est supérieur à toutes les puissances humaines. Vouloir l'enchaîner, le contraindre, c'est le révolter ou l'écraser dans son germe. Aucun homme, aucun prince, si puissant qu'il soit, ne peut avoir la prétention d'imposer des lois à l'intelligence. Par des raisons diverses, un monarque, un artiste, même simplement un homme à la mode, peuvent, pour un temps, paraître diriger le goût ; mais pourront-ils changer l'essence du beau ?

« Quand Louis XIV, disait Mirabeau, quand Louis XIV serait là, botté, éperonné, la cravache à la main, il ne pourrait m'empêcher de penser. Mais, me commandât-il un chef-d'œuvre, je lui répondrais : le génie n'obéit qu'à Dieu. »

D'ailleurs, on l'a dit excellemment : il n'y a pas de règle pour le sentiment (2). C'est dire que les beaux-arts ne veulent pas être réglementés. Ils n'ont qu'un juge : le goût ; qu'un maître : le génie.

C'est pour ne l'avoir pas assez compris que Lebrun, avec une forte intelligence, un goût pur, un génie vaste, une science profonde et une admirable facilité, n'a su, après un travail immense mis au service d'une fécondité merveilleuse et d'aptitudes presque universelles, que produire des œuvres étonnantes, mais froides, et que son influence si grande de son vivant, fut, après sa mort, complètement

---

(1) L. Viardot. *Merveilles de la Peinture.*
(2) David Sutter.

et irréparablement perdue dans une réaction qui faillit mettre l'art français au tombeau.

Et pourtant, on peut dire que Lebrun a eu tous les bonheurs. D'abord, sa bonne fortune le fait entrer à l'école de Vouet, qui était, après tout, la meilleure de l'époque. Les commencements sont faciles. Il reçoit, dès le début, aide, protection et encouragements. Son talent précoce trouve déjà des admirateurs, à l'âge où tant d'autres ne reçoivent encore que des conseils et des critiques. Il va en Italie, non pas péniblement comme Callot, Ribeira, Poussin, le Lorrain, mais, au contraire bien pourvu, grassement doté, chaudement recommandé (1). Il reçoit à Rome les leçons de Poussin, le plus illustre, le premier entre les premiers de l'école française.

Et puis, il arrive à son temps, à son heure. Imaginez Lebrun sans Louis XIV. Certes, le génie est indépendant de la faveur. Lebrun eût brillé d'un vif éclat à quelque moment qu'il se fût produit. Mais n'est-ce pas cependant un bonheur singulier de rencontrer, comme i lui est arrivé, justement celui qui pouvait le mieux apprécier son talent grandiose, mais emphatique.

Il te fallait un peintre ; il lui fallait un maître.

a-t-on dit au roi et à l'artiste. De fait, ils semblent créés l'un pour l'autre. Aussi, quelle faveur ! Lebrun fut, selon l'expression de M. Charles Blanc, le souverain, le Louis XIV de l'art à son époque. Il concentra tout dans ses mains. Peinture, sculpture, architecture, tapisserie (2), tout était soumis à son contrôle, on pourrait dire à sa tyrannie. La haute situation qu'il occupait, la faveur royale qui ne manquait aucune occasion de se manifester, l'autorité que lui avaient acquise ses travaux, ses études innombrables, et la précieuse

---

(1) Lebrun, doté par le chancelier Séguier d'une pension de 600 écus, arriva à Rome le 5 novembre 1642.

(2) Le beau tombeau de Richelieu, par Girardon, a été exécuté d'après les dessins de Lebrun, ainsi que la chaire à prêcher de l'église Saint-Eustache, le tombeau de Colbert, le tombeau de Turenne à Saint-Denis, le principal autel de l'église de la Sorbonne et de l'église des Grands-Augustins. Il fit aussi le dessin de deux figures de la *Hollande vaincue* et du *Rhin*, pour la porte Saint-Denis. Il avait la haute direction de la manufacture des Gobelins.

amitié de Poussin, fournissaient à son activité un vaste champ d'exer-
cice et de nombreuses occasions de se faire jour. Premier peintre du
roi, il était, en fait, un véritable surintendant des beaux-arts.

Fut-ce un bien ? fut-ce un mal ? On ne peut nier que cette centra-
lisation n'ait donné à tous les produits de l'art à cette époque, un
caractère d'unité et de grandeur véritablement remarquable. Mais
n'est-il pas vrai aussi que c'était leur prêter en même temps un éclat
trompeur et factice au détriment de leur véritable force qui ne se
trouve que dans la liberté.

Lebrun, comme tous les hommes qui se sont élevés au-dessus de
la foule, a trouvé, trouve encore de nombreux détracteurs. On ne s'est
pas contenté de déprécier l'artiste; on a voulu amoindrir l'homme. On
l'a fait jaloux de Lesueur au point d'envisager sa mort comme un
soulagement. Le mot qu'on lui attribue à ce sujet est-il exact ? C'est
possible. Lebrun n'était pas parfait, et la disparition d'un rival qui va-
lait plus que lui a bien pu lui inspirer la vilaine parole que l'on sait (1).

· Lebrun, pourtant, ne manquait pas de générosité. Mais s'il consen-
tait à avoir des protégés, il ne souffrait pas de rivaux. Toutefois, il
garda toujours pour le Poussin une estime et une reconnaissance qui
l'honorent.

Mais je ne veux pas m'appesantir davantage sur ce sujet. C'est l'artiste qu'il faut juger, et l'artiste fut grand. Cependant, tout en lui
payant le tribut d'éloges qu'on lui doit, il est impossible de ne pas
faire en même temps quelques réserves. Le plus grand reproche
qu'on peut adresser à Lebrun, c'est l'insuffisance du coloris, qu'il est
facile de constater dans ses tableaux les plus justement célèbres.
Lebrun n'était jamais allé à Venise. Aussi, les magnifiques gravures
qu'on a faites d'après ses œuvres ont-elles le mérite particulier de
nous les montrer sous un jour plus favorable en conservant la magistrale ordonnance de ses compositions et en conservant son dessin un
peu lourd. Quelle fortune aussi, d'être reproduit par le burin d'un
Audran, d'un Edelinck, d'un Picart, d'un Poilly, d'un Sébastien
Leclerc, d'un Chauveau !

---

(1) Lebrun, apprenant la mort de Lesueur, aurait dit : Cette mort me tire une
grande épine du pied. Ce mot est rapporté par Vigneul Marville dans ses *Mélanges*.

J'ai parlé de la magistrale ordonnance des compositions de Lebrun. C'est en effet, dans la composition, que ce grand artiste se montre tout à fait supérieur. Toujours il y déploie une science profonde, un sentiment vrai, un art consommé. Son *Alexandre visitant la famille de Darius*, sa *Bataille d'Arbelle*, son *Passage du Granique*, sa *Bataille d'Issus*, son *Entrée d'Alexandre à Babylone*, sont des œuvres du plus haut mérite, des pages superbes, pleines de noblesse et de dignité, d'une inspiration élevée, qu'on retrouve d'ailleurs dans de plus petits ouvrages tels que l'*Entrée de Jésus-Christ à Jérusalem*, un des tableaux de Lebrun où l'influence de Poussin se fait le plus sentir.

Les peintures que Lebrun a exécutées pour la décoration de la galerie d'Apollon au Louvre et pour celle du palais de Versailles (1679), auraient suffi à illustrer un artiste. Les innombrables dessins qu'il a laissés, soit de son propre jet, soit en collaboration avec Van der Meulen sont pour l'art des monuments précieux (1). Décidément Colbert avait raison de préférer Lebrun à Mignard ; car si Lebrun ne peut être mis sérieusement au même rang que les trois grands artistes dont j'ai parlé en commençant cette étude, du moins occupe-t-il incontestablement la première place après eux (2).

Charles Lebrun a fondé l'Académie de France à Rome (1666). Cette généreuse idée de pensionner les jeunes artistes qui se distinguent à leurs débuts et de les mettre à même d'étudier les œuvres des maîtres de l'art, fait honneur au peintre de Louis XIV.

Le prix de Rome a-t-il produit tous les résultats qu'on en pouvait espérer ? C'est ce qu'il serait trop long de rechercher ici. Mais il ne

---

(1) 41 dessins et 105 cartons, au Louvre seulement.

(2) Outre la décoration de Versailles, et les nombreuses peintures qu'on voit au Louvre, Lebrun a laissé une *Descente de croix* qui est au musée de Rennes, une *Nymphe poursuivie par un fleuve*, au musée de Bordeaux, trois tableaux : le *Jugement dernier, Daniel dans la fosse aux lions*, le *Baptême de Jésus*, au musée de Caen, *Hercule assommant Cacus*, au musée de Lille, *S. Jean l'Evangéliste en extase*, au musée de Nîmes.

A l'étranger se trouvent : le *Massacre des Innocents* à Dulwich collège à Londres, la *Madeleine repentante* à la Pinacothèque de Munich, une *Sainte Famille* au musée de Dresde, le *Sacrifice de Jephté* et un portrait de l'artiste aux *Offices* de Florence.

faut pas oublier que, depuis cette époque, la plupart de nos grands artistes ont profité de ce prix et que c'est à Rome que David conçut l'idée de la rénovation qu'il accomplit.

A la fin de sa vie, Colbert n'étant plus, Lebrun fut abreuvé de dégoûts. Le roi seul le soutenait encore et affectait de le priser d'autant plus haut qu'on l'attaquait davantage. Lebrun n'en vit pas moins ses dernières années remplies d'amertume et mourut presque isolé dans sa maison des Gobelins où il s'était retiré.

Le XVIIe siècle fut pour la France ce que le XVe et le XVIe avaient été pour l'Italie, en ce sens que l'art français atteignit alors à son apogée. Mais il est hors de doute que le mouvement artistique français n'a pas atteint à la hauteur de la Renaissance. C'est que les temps n'étaient plus les mêmes.

Au moment de la Renaissance italienne, l'enthousiasme pour les beaux-arts était arrivé à son plus haut point. Les artistes étaient l'objet d'une admiration passionnée, qui se manifestait en toutes circonstances. Rien ne leur était refusé. Mais ils possédaient surtout cette précieuse indépendance qui est si nécessaire aux manifestations du génie. Leur naissance pouvait les faire humbles, leur talent les faisait grands. Les princes se croyaient honorés de les avoir pour amis. Bien loin de les croire leurs subordonnés, ils ne manquaient aucune occasion de leur manifester la déférence, le respect qu'on doit aux hommes supérieurs. La noblesse du génie avait le pas sur celle du sang, et tel duc, tel prince, tel podestat, eût volontiers changé sa situation, si enviable qu'elle pût paraître, contre celle du peintre ou du sculpteur dont le nom ajoutait à l'éclat de sa cour.

La division de l'Italie en un grand nombre d'états indépendants, si préjudiciable à la puissance politique du pays, était, par contre, une garantie de liberté pour les artistes, qui pouvaient toujours, par un changement facile, échapper à toute domination. Chaque ville, chaque prince, animés d'une noble rivalité, prodiguaient à ceux qui se distinguaient dans les arts les encouragements les plus précieux. Et toujours ces encouragements étaient donnés sous une forme qui en augmentait le prix et rehaussait d'autant la dignité de ceux qui les recevaient. Aussi, quelle effervescence ! quelle émulation ! quelle prodigieuse activité ! Pendant un siècle l'Italie a fatigué la renommée, et il faut remonter jusqu'aux temps les plus glorieux de l'ancienne Grèce pour retrouver l'exemple d'un tel rayonnement.

Bien différente était la condition des artistes français au xviie siècle. Certes, les encouragements ne leur manquaient pas ; mais toujours ils étaient achetés par une certaine dépendance. La France était une. Le pouvoir du roi était absolu ; tout se rapportait à lui ; tout se concentrait autour de sa personne. Un peintre, un sculpteur, ne trouvaient que dans une sorte de domesticité la protection qu'ils croyaient leur être nécessaire. Le bienfait qu'ils recevaient, ils ne le payaient pas seulement par leurs œuvres, mais aussi par des soumissions de toutes sortes. Le roi, son premier peintre, l'Académie, les ministres étaient là ; il fallait leur plaire ou s'éloigner. Tout était soumis à cette contrainte. En un mot, la situation des artistes était toujours une situation subalterne. Les peintres italiens avaient été des princes ; les peintres français durent se résigner à n'être que des courtisans. Mais le génie ne peut se plier à de telles servitudes ; un homme vraiment supérieur ne peut pas consentir à ces humilités. Aussi, nos plus grands peintres ont-ils vécu hors de France. Ils voulaient être libres ; on les tint à l'écart, ou plutôt ils s'y tinrent d'eux-mêmes, pour ne pas sacrifier la dignité à la fortune ; et c'est cet éloignement pour la flatterie et l'intrigue qui les grandit encore aux yeux de la postérité. L'impartiale histoire a fait à chacun sa place, et, si la gloire de quelqu'un a souffert de cette séparation, ce n'est pas celle des artistes.

Est-ce là la seule cause de la différence qu'on a constatée ? Non certes. Il en est une autre aussi évidente. Un mouvement pareil à celui de la Renaissance ne saurait se répéter à de courts intervalles. Les peintres italiens étaient arrivés à un sommet qu'on ne pouvait dépasser, ni même atteindre. Ils ont eu des élèves et des imitateurs ; ils ne pouvaient plus avoir d'égaux. Nos plus grands peintres sont ceux qui, sentant qu'il fallait sortir des sentiers battus, sachant, comme on l'a dit, que *celui qui marche derrière ne peut passer devant*, ont compris qu'il leur fallait, sous peine de rester toujours au second rang, affirmer leur originalité et n'imiter personne. Ceux-là ne se sont pas astreints à s'approprier la manière de tel ou tel maître. Ils leur ont pris ce qu'ils avaient de bon, à un point de vue général, ils ont étudié leurs œuvres comme un écrivain étudie la langue et la littérature des anciens ; puis, descendant au plus profond d'eux-mêmes, ils ont cherché et trouvé une inspiration nouvelle, et ont produit ainsi des œuvres personnelles et puissantes. Tels sont Poussin, Lesueur et le Lorrain. Tous les autres, quel que soit d'ailleurs le degré de leur mérite, ont été condamnés à une infériorité relative car ils n'ont su que suivre avec plus ou moins de succès des exemples déjà donnés. Ils ont imité au lieu de créer.

Toutefois, ces réserves faites, on peut dire que l'école française du XVIIe siècle mérite de rester comme donnant la plus haute expression du génie français. De nos jours, les peintres ont cherché une voie nouvelle. Après la révolution accomplie par Louis David, après les luttes ardentes des romantiques et des classiques, nos artistes ont voulu donner chacun leur note personnelle. De là une plus grande diversité. Le propre de l'école française du XVIIe siècle est au contraire une sorte d'unité, moins favorable aux manifestations individuelles, mais incontestablement pleine de grandeur. Entre ses deux voisines, l'école flamande et l'école espagnole, l'école française tient une place toute spéciale, et, malgré le respect et l'admiration qu'inspirent Rubens, Velazquez et Murillo, on ne saurait mettre au-dessous d'eux des artistes comme le Lorrain, Lesueur et Poussin.